AF224090

LES COMMIS-VOYAGEURS

ET LA

POLITIQUE DU 16 MAI

PAR

UN GAUDISSART

(LOUIS JEANNIN)

PRIX : 50 centimes

PARIS

J. STRAUSS, LIBRAIRE | J. BROUILLET, LIBRAIRE
5, RUE DU CROISSANT | 5, RUE DU PONT-DE-LODI

1877

LES
COMMIS-VOYAGEURS

ET LA

POLITIQUE DU 16 MAI

Paris. — Alcan-Lévy, imprimeur breveté, 6i, rue de Lafayette.

LES
COMMIS-VOYAGEURS

ET LA
POLITIQUE DU 16 MAI

PAR

UN GAUDISSART

(Louis Jeanin)

———

PARIS

J. STRAUSS, LIBRAIRE | J. BROUILLET, LIBRAIRE
5, RUE DU CROISSANT | 5, RUE DU PONT-DE-LODI

—

1877

LES
COMMIS-VOYAGEURS
ET LA
POLITIQUE DU 16 MAI

I

L'acte du 16 mai, que l'histoire se chargera de qualifier plus sévèrement, est venu brusquement jeter le désarroi dans le pays et porter le trouble dans la conscience publique.

La France marchait avec confiance, sous l'égide du gouvernement de son choix, dans la voie du progrès et de la prospérité renaissante ; elle avait accepté sans murmure le lourd et douloureux héritage que lui avaient légué les fautes de l'empire, et, puisant dans son malheur des forces nouvelles, elle imposait aux nations étrangères le respect de son infortune imméritée.

Après sept années meurtrières ou difficiles, elle voyait

enfin poindre la récompense due à ses efforts et à son abnégation.

Le commerce et l'industrie prenaient chaque jour un essor croissant. La Chambre républicaine était saisie de projets de loi destinés à faire disparaître ou à abaisser les impôts nécessités par la désastreuse campagne de 1870.

L'Exposition universelle se préparait, où tous les peuples seraient venus rendre un unanime hommage à notre activité et à notre sagesse.

Désespérant de trouver dans l'illustre libérateur du territoire un allié disposé à favoriser leurs projets de restauration, les partisans de tous les régimes déchus avaient cherché un instrument plus docile. Le 24 mai ne leur donna que de courts instants d'espoir. La France fit entendre sa voix en février 1876, et les ennemis de son repos rentrèrent dans l'ombre.

Mais ils n'assistaient pas sans impatience au fonctionnement des institutions républicaines, et leur résignation apparente dissimulait mal le travail obscur sous lequel ils s'efforçaient de saper le gouvernement que s'était donné le pays, librement consulté.

Le temps marchait, et l'idée démocratique ralliait chaque jour des auxiliaires nouveaux... Il fallait en finir... on chercha un prétexte, et la France qui s'était endormie républicaine, assurée du présent et confiante dans le lendemain, se réveilla, jetée à corps perdu dans une aventure inexplicable.

La République était livrée aux bêtes !

Ses agresseurs acharnés avaient enfin le plaisir, si longtemps attendu, de livrer, avec la complicité d'un ministère, un suprême combat à l'ennemi commun.

L'Ennemi, c'était la République, et tous ceux qui de près ou de loin apportaient leur concours fidèle au gouvernement républicain.

L'Ennemi, c'était le préfet, c'était le juge de paix, le magistrat, le maire ; c'était aussi cette légion de citoyens dévoués, républicains de naissance, d'éducation ou de circonstances, serviteurs obéissants de la loi, et dont le 16 mai devait faire des adversaires résolus.

Le ministère s'est chargé des premiers, et jamais besogne ne fut accomplie avec plus d'ardeur.

On a changé les préfets et les sous-préfets, déplacé les magistrats, destitué les juges de paix, les instituteurs, les conducteurs des ponts et chaussées, révoqué les maires de chefs-lieux de canton et d'arrondissement, remplacé les conseils municipaux élus par des commissions municipales ; en un mot, tous ceux qui, du petit au grand, pouvaient être soupçonnés de républicanisme durent céder la place à des créatures que leurs services antérieurs ou leur hostilité à la République désignaient au choix des hommes du 16 mai.

C'est ici qu'apparaît le rôle de la presse soi-disant conservatrice. A elle appartenait le soin de compléter l'œuvre si bien commencée : dans son zèle immodéré, elle faillit étouffer les triomphateurs sous les fleurs.

L'acte du 16 mai fut représenté sous les couleurs les plus brillantes ; rien n'était aussi beau, rien n'était aussi grand ; le commerce avait accueilli cette tentative par les démonstrations les plus chaleureuses, et s'il ne tira pas des salves de 101 coups de canon en son honneur, il manifesta sa joie par les clameurs les plus bruyantes que les journaux de la réaction entendirent distinctement.

Et, le lendemain, les protestations venaient de tous les coins de la France : des commerçants de Paris, des chambres syndicales, des électeurs aux tribunaux de commerce, des chambres de commerce.

Les intérêts refusaient de se laisser rassurer ; le malade repoussait les soins du docteur.

II

Il faut que le pays tremble!

Tel paraît avoir été le mot d'ordre, comme jadis :
il faut que le pays marche!

Les journaux policiers qui avaient applaudi au rema-
niement du personnel administratif recherchaient les
quelques fonctionnaires qui avaient pu échapper aux
investigations de la première heure. Agrandissant leur
sphère d'opération, ils dénonçaient les citoyens cou-
pables de ne pas s'être laissé intimider par l'acte du 16
mai.

C'est au nom d'une catégorie distincte, au nom des
commis-voyageurs qui ont eu l'honneur d'être si vio-
lemment attaqués que je prends ici la parole :

Nous acceptons le débat sur le terrain où on l'a placé. Ce n'est pas une défense que nous tentons, au contraire ! Nous réclamons avec fierté une part dans ce mouvement général de propagande qui s'étend d'un bout à l'autre du pays, et nous voulons continuer par la plume cette propagande commencée par la parole.

Nous ne réclamons pas pour le voyageur de commerce le droit de se mêler à la politique ; ce droit est absolu et personne, même parmi nos adversaires, n'est tenté de le contester.

Le but de toutes ces attaques est d'essayer, par l'intimidation, d'entraver l'exercice de ce droit, de ce que nous considérons aujourd'hui comme un devoir.

On veut soustraire la masse électorale à l'influence de ces hommes que les nécessités de leur profession amènent chaque jour sur un autre point du territoire et dont les circonstances ont fait les avocats les plus achalandés, les mieux écoutés de la cause républicaine.

Les commis-voyageurs ne reculeront pas devant les menaces ; ils ne failliront pas à cette tâche nécessaire ; ils iront *jusqu'au bout*, eux aussi ; ils sèmeront à tous les vents la parole féconde qui relève les courages hésitants, fiers d'apporter leur pierre à l'édification du gouvernement républicain.

III

Après avoir essayé de nous confondre sous leur indignation, les défenseurs de la conservation sociale ont tenté de nous discréditer par leurs *spirituelles* plaisanteries.

Le procédé est connu : A défaut de la calomnie, le ridicule !

Les commis-voyageurs ne s'en portent pas plus mal et le commerce n'en va guère mieux.

Gaudissart, soit ! Nous sommes des Gaudissarts. Il nous serait facile de répondre sur le même ton et de rendre l'injure pour le dédain ; nous n'aurions pour cela qu'à puiser à pleines mains dans le vocabulaire habituel de la presse religieuse. Nous rappellerons simplement, à ce propos que, dans une discussion récente avec un ancien ministre de l'empire, M. E. de Girardin, traitant avec toute la largeur de son esprit la question de gouvernement, oubliait volontairement la personnalité de son interlocuteur.

Quel journaliste eût dédaigné l'argument facile que lui fournissait le passé d'un tel adversaire? Nous livrons aux méditations de la presse réactionnaire cet exemple de bon goût.

Le voyageur de commerce n'appartient plus à une caste distincte; plus heureux que le soldat, il a conquis aujourd'hui son complet affranchissement. Il serait aussi difficile de retrouver un de ces spécimens qui égayent les journaux de la réaction qu'un exemplaire de l'étudiant de 1830 à la chevelure inculte et au béret tapageur.

Vous retardez, Messieurs, et le *mammouth* est moins profondément enfoui dans les glaces du pôle que le souvenir de ces fantoches dans la mémoire de la génération précédente.

Qu'est-ce que le...? Rien! Que doit-il être? Tout.

On a assez abusé de cette formule. Le voyageur de commerce est moins modeste et moins ambitieux. Il sait qu'il est, qu'il vaut quelque chose; il n'aspire pas à un rôle plus élevé. Il ne sépare pas son intérêt de l'intérêt national, et le but auquel il tend est trop haut pour qu'il se sente atteint par les mesquineries de ses adversaires.

La récompense est proche, et il s'estimera suffisamment payé de ses efforts s'il a pu contribuer à l'affermissement du gouvernement de la République et à la consolidation de la prospérité nationale.

Parmi ces 80,000 voyageurs qui alimentent en province l'activité commerciale, combien en est-il qui sont eux-mêmes patrons ou associés des maisons qu'ils représentent? Le nombre en est grand. Beaucoup, parmi les autres, le deviendront à leur tour.

Beaucoup sont mariés qui laissent au logis une femme et des enfants dont le souvenir les soutient au milieu des difficultés et des fatigues de leur métier.

Voilà le personnel de cette armée de la désorganisation sociale, de cette armée qui tient la tête du commerce et de l'industrie et qui jette chaque jour dans la circulation des sommes énormes.

Gaudissart a disparu avec le dernier coucou, avec l'étudiant de 16ᵉ année, avec bien d'autres choses encore tout aussi peu regrettables! mais si le progrès a tué ce fantaisiste bruyant et léger, il a donné naissance au travailleur sérieux, discret et instruit, trait d'union entre toutes les branches commerciales et industrielles, qui répand sur tous les points du territoire la semence féconde de ses connaissances.

Veut-on savoir ce que consomment annuellement ces 80,000 voyageurs, quelles sommes ils font entrer dans les caisses des chemins de fer, de la poste et du télégraphe, dont ils sont les principaux pourvoyeurs.

Le calcul est bien simple.

Admettons que les voyageurs ne soient en route que pendant neuf mois de l'année. Il y aurait donc continuellement 60,000 voyageurs sur les grands chemins. A 15 francs par tête, et nous sommes bien au-dessous de la vérité, cela fait par jour 900,000 francs, soit 10,800,000 francs par mois, soit 129,600,000 francs par année.

Sur ces 130 millions jetés ainsi, sans contrainte, dans la circulation, quelle peut être la part de l'Etat, grâce aux chemins de fer, à la poste, au télégraphe, à l'octroi, etc. ?

Voilà un point qui mérite certaine considération.

Et en échange de ces 25 ou 30 millions que les voyageurs versent chaque année dans les coffres de l'Etat les journaux de la réaction réclament pour eux une protection injurieuse, une surveillance outrageante!

Nous sommes fiers de semblables attaques, qui nous ont valu les encouragements des journaux républicains et n'ont d'autre effet que de stimuler notre zèle. Si nous avons eu des détracteurs passionnés, nous avons eu, en revanche, des défenseurs ardents.

IV

Les journaux de la coalition, entraînés par leur haine, ont souvent dépassé le but depuis le commencement de cette campagne malheureuse.

Mais ici, et leur acharnement s'explique, ils ont deviné, du premier coup, l'importance de leurs adversaires. Peut-être même n'ont-ils pas tout dit sur le craintes que leur inspire la propagande des commis-voyageurs. Nous voulons compléter les informations qu'ils ont cru devoir fournir au public par quelques renseignements puisés aux sources les plus sûres ; qu'on veuille bien nous croire.

Oui, les commis-voyageurs sont en grande partie républicains, oui, ils mettent chaque jour au service de la cause républicaine leur dévouement et leurs relations.

Mais, ce qui vous inquiète, ce n'est pas seulement

cette influence avouée que vous ne pouvez combattre.

Le commis-voyageur, et vous le savez bien, occupe dans notre société une place importante. Il est riche, il est bien élevé, il est instruit, il a une autorité personnelle.

Ses convictions sont nées du milieu même dans lequel il vit ; en rapport constant avec la portion travailleuse de la population, il a vu grandir et se développer, depuis 1870, le mouvement républicain que des pygmées essayent d'enrayer aujourd'hui.

Il a vu de près les souffrances de la guerre et de l'invasion, il a vu aussi le relèvement prestigieux du pays, il verra bientôt le jour du triomphe qu'il aura contribué à préparer.

La vie du commis-**voyageur** est mêlée intimement à celle du fabricant, du commerçant, de l'employé ; et la vérité, celle que vous n'osez pas dire, c'est que beaucoup d'entre eux sont devenus républicains à ce contact.

Ce n'est pas le commis-voyageur qu'il faut proscrire ; ce sont les commerçants, les fabricants, les employés, c'est la France **tout** entière, **la France** de la paix et du travail.

Et vous-mêmes, **vous** avez apporté à ces missionnaires de la parole républicaine l'auxiliaire le plus efficace : la crise commerciale.

Niera-t-on aujourd'hui, après les enquêtes, après les protestations, après les démentis, qu'au lendemain du 16 mai un brusque arrêt se soit produit dans les affaires ?

Le didacticien le plus subtil n'aurait trouvé rien de mieux que cet incomparable argument : l'Intérêt. Il a plus fait pour notre cause que ne feront contre elle les révocations des fonctionnaires républicains.

Elle va tout droit à son intérêt, cette majorité, désireuse, avant tout, du repos que lui assure la sécurité de ses transactions commerciales, cette majorité sans ambition et sans passion, dont le solide bon sens décourage la menace et la flatterie.

Instruite par les douloureux événements de 1870, éclairée par l'exemple fortifiant de ces dernières années, elle confond aujourd'hui sa cause, la cause du travail et de la paix, avec celle de la République et de la Liberté.

Les commis voyageurs, peu habitués à un tel tapage, en dépit des traditions léguées par Gaudissart, ne regrettent pas le bruit qui s'est fait autour d'eux. Le jour est proche où l'assemblée républicaine, délivrée du souci de combattre pour sa propre existence, pourra commencer l'étude des grandes questions sociales et politiques qui s'imposent à notre attention.

Ce jour-là les commis-voyageurs auront, eux aussi, leurs cahiers.

Leur ambition n'est pas grande ; ils ne demandent

qu'à rentrer dans le droit commun ; ils demandent à profiter du bénéfice des lois de réunion et d'association qui seront une des premières œuvres de l'Assemblée prochaine.

Ce jour-là, peut-être, ils pourront, comme tous les corps de métier, constituer une chambre syndicale ; ils pourront avoir un organe à eux qui sera le lien de cette grande famille, éparse aux quatre coins de la France, et peut-être pourront-ils apporter quelque lumière dans cette grande question sociale dont tout un peuple de travailleurs attend avec anxiété la solution.

Croit-on qu'ils soient restés indifférents au spectacle de ces misères sans nombre qu'ils coudoient chaque jour ? Chacun apportera son document à l'enquête sur cette grande question du travail, et les commis-voyageurs seront fiers de hâter le jour de la justice et de la réparation pour les déshérités que les exigences de notre société éloignent de cette terre promise : l'Épargne et le Capital.

V

Jusque là, on le voit, nous ne demandons rien pour nous. Pourtant nous ne sommes pas absolument désintéressés, et il est un point sur lequel nous appellerons au moment voulu la sollicitude de nos législateurs.

Les commis-voyageurs, dont l'action soulève une telle réprobation, les commis-voyageurs qui mettent au service de la cause républicaine leur plus absolu dévouement, les commis-voyageurs dont l'influence ne sera pas étrangère au résultat des élections, les commis-voyageurs ne votent pas !

40 ou 50,000 citoyens se trouvent, le jour du vote, éloignés de leur domicile électoral.

Il en est quelques uns, et l'auteur de cette brochure est du nombre, qui n'hésitent devant aucune dépense, aucune fatigue, pour accomplir leur devoir. Tel vient de Lyon, tel de Marseille, tel autre de Bordeaux, passe trente ou trente-six heures en chemin de fer, dépense 200 ou 250 francs pour déposer son bulletin dans l'urne. Les circonstances sont assez graves aujourd'hui pour que nous croyions inutile de recommander à nos confrères de ne pas reculer devant un déplacement coûteux et fatigant.

Mais ce voyage, qu'on peut faire une fois, il est bien difficile de l'entreprendre de nouveau à quinze jours de distance, dans le cas d'un scrutin de ballottage. C'est cette inégalité qu'il convient de faire disparaître.

Si les républicains croient que les services rendus dans cette campagne par les voyageurs méritent quelque récompense, nous leur indiquons, dès à présent, celle qui aura le plus de prix à leurs yeux.

Nous ne voulons pas entrer aujourd'hui dans la discussion des moyens qui pourraient utilement modifier, dans ce sens, notre législation électorale.

La question sera posée à son heure. Pour l'instant nous nous contenterons de remercier les journaux de la réaction des attaques dont ils nous honorent.

C'est eux qui ont mis en vue toute une classe de citoyens modestes qui, de longtemps sans doute, ne seraient pas sortis du rôle secondaire qu'ils jouent dans la société.

Eh bien, nous le leur demanderons en toute sincérité ? avons-nous perdu quelque chose à être mis aussi brutalement en pleine lumière ? Et combien en est-il, parmi nos adversaires, à qui nous nous ferions un scrupule d'enlever le bénéfice de leur obscurité volontaire.

Pour nous, nous attendons patiemment, dédaigneux des outrages, fiers des encouragements et des sympathies de la presse républicaine, l'heure des revendications.

Les nôtres, on le voit, n'ont rien qui puisse effrayer ces honnêtes gens eux-mêmes, défenseurs de la *conservation sociale*, qui ont, seuls, le monopole de toutes les vertus, et pour qui seuls la famille est sacrée et la propriété respectable.

Ce commis-voyageur, exemple de tous les vices et de toutes les défaillances, ne demandera qu'une chose, au jour prochain du triomphe, il demandera à rentrer dans le droit commun ; il demandera à ne plus être privé de ce droit primordial dans une société basée sur le suffrage universel.

Il demande à voter ! Voilà quelle satisfaction il réclame pour ses monstrueux appétits.

Liberté individuelle, droit au vote, tels sont les deux points fondamentaux de l'état républicain. A la Chambre appartiendra le soin d'en régler le parfait exercice.

Pour l'instant, nous n'avons d'autre ambition que d'assurer par notre concours l'établissement définitif de la République.

Nous continuerons cette propagande active dont les criailleries de nos adversaires démontrent suffisamment la féconde influence ; nous combattrons le bon combat.

La récompense viendra plus tard.

APPENDICE

I

ORDRE DU JOUR DE DÉFIANCE

CONTRE LE MINISTÈRE DE BROGLIE

Le 19 juin 1877, la Chambre des députés a adopté l'ordre du jour suivant, à la majorité de 363 voix contre 158 :

La Chambre des députés,

Considérant que le ministère formé le 17 mai par le président de la République, et dont M. de Broglie est le chef, a été appelé aux affaires contrairement à la loi des majorités, qui est le principe du gouvernement parlementaire ;

Qu'il s'est dérobé le jour même de sa formation à toutes explications devant les représentants du pays ;

Qu'il a bouleversé l'administration intérieure afin de peser sur les décisions du suffrage universel par tous les moyens dont il pourrait disposer ;

Qu'à raison de son origine et de sa composition, il ne représente qu'une coalition des partis monarchiques, coalition conduite par les inspirateurs des manifestations cléricales déjà condamnées par la chambre ;

Que c'est ainsi que, depuis le 17 mai, il a laissé impunies les attaques dirigées contre la représentation nationale et les provocations directes à la violation de la loi ;

Qu'à tous ces titres, il est un danger pour l'ordre et pour la paix, en même temps qu'une cause de troubles pour les affaires et pour les intérêts ;

Déclare,

Que le ministère n'a pas la confiance des représentants de la nation, et passe à l'ordre du jour.

II

DÉCLARATION DES GAUCHES DE LA CHAMBRE DES DÉPUTÉS

Aussitôt après le vote de la dissolution par le Sénat, les bureaux des gauches de la Chambre des députés se sont assemblés et ont arrêté la déclaration suivante :

Les députés soussignés,

Représentants des bureaux des quatre groupes de la gauche de la chambre des députée frappés par le vote de dissolution,

Déclarent,

Que les 363 députés qui ont voté l'ordre du jour de défiance émis contre le ministère du 17 mai, restant unis dans une pensée commune, se présenteront collectivement et au même titre devant le suffrage universel, lorsque les électeurs seront convoqués dans leurs comices.

Paris, le 23 juin 1877.

Ont signé :

Pour le centre gauche : MM. de Marcère, Paul de Rémusat, Aimé Leroux, Franck-Chauvau, Drumel, Richard Waddington, Morel, Danelle-Bernardin, Philippoteaux, Bardoux, Paul Bethmont, Robert de Massy, Germain.

Pour la gauche républicaine : MM. Devoucoux, Pascal Duprat, Lisbonne, Leblond, Albert Grévy, Jules Ferry, Bernard Lavergne, Cochery, Margaine, Rameau, Tirard, Journault, Camille Sée.

Pour l'Union républicaine : MM. Laussedat, Ch. Floquet, Henri Brisson, Gambetta, Lepère, Spuller, Lelièvre, Marcellin Pellet, Dréo, Henri Lefèvre.

Pour l'extrême gauche : MM. Louis Blanc, Madier-Montjau, Lockroy.

III

DÉCLARATION DES SÉNATEURS RÉPUBLICAINS

De leur côté, les sénateurs républicains du Sénat se sont assemblés et ont pris la résolution suivante :

Les sénateurs soussignés, représentant les trois groupes de la gauche du sénat, expriment l'avis :

Que la réélection des 363 députés qui ont voté l'ordre du jour du 19 juin contre le ministère présidé par M. le duc de Broglie est un devoir civique et s'impose au pays, comme s'est imposée en 1830 la réélection des 221 ;

Que cette réélection sera l'affirmation la plus solennelle que la France puisse donner de sa volonté de maintenir et de consolider les institutions républicaines, seules capables d'assurer l'ordre à l'intérieur et la paix au dehors.

Faisant appel au patriotisme de tous, ils comptent qu'aucune candidature républicaine ne sera opposée à celles des 363 députés qui ont voté l'ordre du jour de défiance.

Ont signé :

Pour le centre gauche : Bertault, président ; Calmon, Gilbert, Boucher, vice-présidents ; comte Rampon, Bernard, comte Foucher de Careil, Dauphinot, membres du bureau.

Pour la gauche républicaine : Emmanuel Arago, président ; Le Royer, vice-président ; Duclerc, Hérold. Lucet, Malens, Mazeau, Salneuve, membres du bureau.

Pour l'union républicaine : Peyrat, président ; Crémieux, Victor Hugo, Scheurer-Kestner, membres du bureau.

IV

PAROLES DU PRÉSIDENT GRÉVY

PRONONCÉES LE 25 JUIN, EN SÉANCE PUBLIQUE, AVANT LA LECTURE

DU DÉCRET DE DISSOLUTION

Le pays, devant lequel la chambre va retourner, lui dira bientôt que, dans sa trop courte carrière, elle n'a pas cessé un seul jour de bien mériter de la France et de la République.

V

LISTE DES 363

MM. Alicot. Allain-Targé. Allègre, Allemand. Andrieux. Anthoard. Armez. Arnoult.

Bamberger. Bardoux. Barni. Barodet. Barthe (Marcel). Bartoli. Bastid (Raymond). Baury. Baussire. Bel (François). Belle. Benoist. Berlet. Bernier. Bert (Paul). Bertohlon. Bertrand-Milcent. Bethmont. Bienvenu. Billy. Bizot de Fonteny. Blanc (Pierre) (Savoie). Blanc (Louis) (Seine). Blandin. Bonaparte (prince Jérôme-Napoléon). Bonnel. Borriglione. Bottard. Boucher. Boulard (Cher). Bouquet. Bourrillon (Xavier). Bousquet. Bouteille. Bouthier de Rochefort. Boysset. Bravet. Brelay. Bresson. Breton (Paul). Brice (René). Brisson (Henri). Brossard. Bruneau. Buyat.

Cantagrel. Carnot (Sadi). Carré-Kérisouët. Carrey (Emile). Casimir Perrier. Casse (Germain). Castelnau. Cavalié. Caze. Chabrié. Chaix (Cyprien). Chalamet. Chaley. Chanal (général de). Chantemille. Charpentier. Chauveau (Franck). Chevassieu. Cherpin. Chevandier. Chiris. Choiseul (Horace de). Christophle (Albert). Christophle (Isidore) (Drôme). Clémenceau. Cochery. Codet. Cotin. Constans. Corentin Guyho. Cornil. Cosson. Costes. Cotte. Couturier. Crozet-Fourneyron.

Danelle-Bernardin. Daron. Daumas. Dautresme. Defoulenay. Denfert-Rochereau (le colonel). Descamps (Albert). Deschanel. Desmoutiers. Dessaux. Destremx. Dethou. Deusy. Devade. Devaux. Devès. Devoucoux. Douville-Maillefeu (le comte de). Dréo. Dreux. Drumel. Dubois (Côte-d'Or). Ducamp. Duchasseint. Duclaud. Ducroz. Dufay. Duffo. Duportal. Dupouy. Durand (Ille-et-Vilaine). Durand (Rhône). Durieu. Duveau. Duvergier de Hauranne.

Escanyé. Escarguel. Even.

Fallières. Farcy. Faye. Ferrary. Ferry (Jules). Floquet. Florent-Lefebvre. Folliet. Fouquet. Fourot. Frébault. Fréminet.

Gagneur. Gailly. Galpin. Gambetta. Garrigat. Gassier. Gasté (de). Gastu. Gatineau. Gaudy. Gent, Germain (Henri), Gévelot. Gilliot. Giraud (Henri). Girault (Cher). Girerd. Girot-Pouzol. Gleizal. Godin (Jules). Godissart. Grandpierre. Greppo. Grévy (Albert). Grévy (Jules). Grollier. Gros-Gurin. Gudin. Guichard. Guillemin. Guinot. Guyot. Guyot-Montpayroux.

Hémon. Hérault. Horteur. Houyvet. Hugot. Huon.

Jacques. Jametel. Jeanmaire. Jenty. Joigneaux. Joly (Albert). Joubert. Journault.

Labadie. Labitte. Lacascade. Lacaze (Louis). Lacretelle (Henri de). Laffite de Lajoannenque (de). Laisant. Lalanne. Lamy (Etienne). Lanel. Langlois. Laserre. Latrade. Laumond. Laussedat (Louis). Lavergne (Bernard). Lavignère. Lebaudy. Leblond. Le Cesne. Le-

cherbonnier. Lecomte (Mayenne). Leconte (Indre).
Lefèvre (Henri). Lefranc (Victor). Legrand (Louis) de
Valenciennes. — Legrand (Pierre) Nord. Lelièvre. Le
Monnier. Lepère. Lepouzé. Leroux (Aimé). Lesguillet.
Levavasseur. Lévêque. Liouville. Lisbonne. Lockroy.
Logerotte. Loubet. Loustalot. Lur-Saluces (Comte
Henri de).

Madier de Montjau. Magniez. Mahy (de). Maigne
(Jules). Maillé. Maitret. Malézieux. Mallet. Marcère
(de). Marcou. Margaine. Margue. Marion. Marmotan.
Martin-Feuillée. Marty Mas. Massiet du Briest. Massot.
Masure (Gustave). Maunoury. Mayet. Médal. Méline.
Menier. Mention. Mercier. Merlin. Mestreau. Mie.
Millaud (Ed.). Mir. Mollien. Montagu (Marc). Mo-
reau.

Nadaud (Martin). Nalèche (de). Naquet (Alfred).
Nédellec. Neveux. Ninard. Noël-Parfait. Noirot.

Ordinaire. Osmoy (comte d'). Oudoul.

Papon. Parent. Parry. Pascal Duprat. Pellet (Mar-
cellin). Périn (Georges). Perras. Petitbien. Philippe
(Jules). Philippoteaux. Picard (Arthur) (Basses-Alpes).
Picard (Arsène) (Calvados). Picard (Alphonse) (Marne).
Pilet des Jardins. Pinault. Plessier. Pompery (de).
Ponlevoy Frogier (de). Poujade. Proust (Antonin).

Rameau. Raspail père (Bouches-du-Rhône). Raspail
(Benjamin) (Seine). Ratier. Rémusat (Paul de). Renault
(Léon).Renault(Morlière).Reymond(Ferdinand) (Isère).
Reymond (Francisque) (Loiret). Richarme. Riondel.
Riotteau. Robert de Massy. Roger-Marvaise. Rollet.

Roudier. Rougé. Roussel (Théophile). Rouveure.
Rouvier. Rouvre. Roux (Honoré). Rubillard.

Saint-Martin (Vaucluse). Sallard. Salomon. Sarrien.
Savary. Scrépel. Sée (Camille). Seignobos. Silva.
Simiot. Simon (Fidèle). Sonnier (de). Souchu-Servi-
nière. Soye. Spuller. Swiney.

Talandier. Talon (Alfred). Tardieu. Tassin. Teilhard
Tézénas. Thiers. Thiessé. Thomas. Thomson. Thourel.
Tiersot. Tillancourt (de). Tirard. Tondu. Truelle.
Trystram. Turigny. Turquet.

Vacher. Varambon. Vergnes. Versigny. Viette. Vig-
nancourt. Vignes. Villain. Vissaguet.

Waddington (Richard). Wilson.

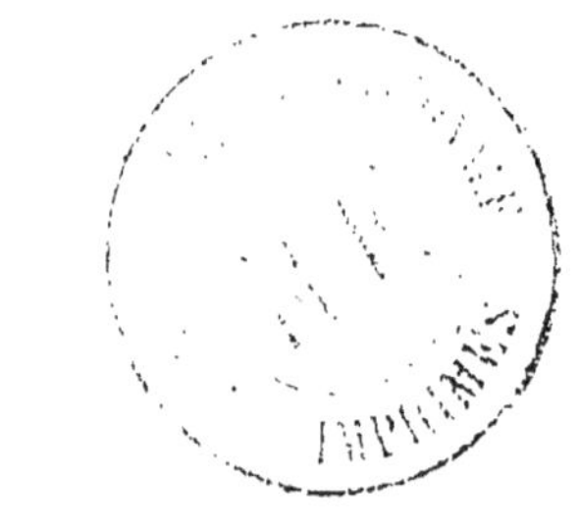

Paris. — Alcan-Lévy, imprimeur breveté, 61, rue de Lafayette.

PARIS. — IMPRIMERIE ALCAN-LÉVY
6 1 , RUE DE LAFAYETTE